Adenydd a Chadwyni

ARON A RUTH PRITCHARD

Gwasg Carreg Gwalch

Argraffiad cyntaf: 2018
Hawlfraint: Aron a Ruth Pritchard/Gwasg Carreg Gwalch

Rhif Llyfr Safonol Rhyngwladol:
978-1-84527-670-6

Cyhoeddwyd gyda chymorth Cyngor Llyfrau Cymru

Cynllun clawr: Eleri Owen

Cyhoeddwyd gan Wasg Carreg Gwalch,
12 Iard yr Orsaf, Llanrwst, Dyffryn Conwy, Cymru LL26 0EH.
Ffôn: 01492 642031
e-bost: llyfrau@carreg-gwalch.cymru
lle ar y we: www.carreg-gwalch.cymru

Argraffwyd a chyhoeddwyd yng Nghymru

Cyflwynedig i

Steve, Lowri ac Oli, a Wil

Cynnwys

Rhagair

Fel arfer, un llais sydd o fewn cyfrol. Ar wahân i flodeugerddi, gwaith unigolyn yw cyfrol o farddoniaeth gan amlaf. Ond mae'r gyfrol hon yn perthyn i'r teulu bach hwnnw o gyfrolau sy'n gywaith rhwng dau berson. Mam a mab sydd yma, a'r ddau ohonyn nhw â dau lais sy'n cynnig golwg wahanol ar y byd. Llais gwrywaidd a benywaidd. Llais cefn gwlad a'r ddinas. Y llais caeth a'r llais rhydd.

Ond er gwaetha'r gwahaniaethau, maen nhw'n lleisiau sy'n cyffwrdd â'r un themâu oesol, sef ymboeni am y byd a'i bethau, ac ofni breuder yr hyn sydd mewn perygl o gael ei golli.

Un agwedd hyfryd yn y gyfrol yw bod yma gerddi sy'n cyffwrdd ag union yr un pwnc, ond yn trin y pwnc hwnnw mewn ffyrdd cwbl wahanol. Ac eto mae rhywun yn synhwyro eu bod yn dod i'r un lle, i'r un casgliad yn aml ar y diwedd. A pha ryfedd, gan fod y ddau wedi eu mowldio o'r un clai ac wedi anadlu'r un awyr ers blynyddoedd. Pan mae'r ddau yn llunio cerdd i'r Bae, mynd i Fae Caerdydd a wna'r mab, tra mai aros yng nghefn gwlad gyda Bae Ceredigion a wna'r fam. Ond mae'r ddau yn gweld harddwch yn y llefydd hyn, ac yn eu gweld fel eu Hafallon personol eu hunain.

Nid yw'n gyd-ddigwyddiad fod diweddglo rhai o'r cerddi'n mynd i'r un cyfeiriad, ac eto'n cynnig golwg wahanol ar fywyd. Mae'r fam yn cyfeirio at chwilio am ddihangfa. a 'hafan heb adfyd mewn hwyr' tra chwilia'r mab ym Mharis am y 'wawr o obaith.'

Wrth ddarllen y gyfrol felly, caiff y darllenydd wefr

fesul cerdd unigol, ond mae'r cymharu anorfod wrth weld cerddi gan y mab a'r fam o dan yr un testun yn rhoi golwg ddyfnach i ni ar y testun. Enghraifft arall yw 'Glowyr Pwll Gleision', gyda'r glaw yn galw ar ddiwedd un gerdd, a'r dŵr yn atsain yn y llall. Dwy gerdd yn dod i'r un lle wedi bod i gyfeiriadau tra gwahanol.

Mae'n amlwg bod y ddau wedi ystyried pa gerddi i'w gosod gyda'i gilydd yn y gyfrol. Er bod rhai o'r teitlau yn dra gwahanol, mae yna gyffyrddiadau tebyg ynddynt, boed yn deimlad neu'n sŵn, yn lleoliad neu'n ddyhead, ac mae'r darllenydd yn sicr o fwynhau'r profiad o fynd ar daith gyda'r ddau rhwng cloriau'r gyfrol.

Mae gan y mab englyn milwr yn dwyn y teitl 'Sêr':

'Un nos glir fe ddisgleiriant,
tanio'n wych; tywynnu wnânt
un ennyd – a diflannant.'

Gallai'r cwpled cyntaf fod yn ddisgrifiad hyfryd o gerddi'r ddau fardd yma. Yn sicr maen nhw'n disgleirio ac yn tywynnu, ond mae'n sicr gen i na fyddan nhw'n diflannu.

Tudur Dylan Jones
Caerfyrddin, Rhagfyr 2017

Chwilio

Ddoe, bu Nain
yn chwilmantan
drwy silffoedd ei chof,
i geisio canfod
y ffrind honno;
Daeth o hyd
i'r dydd ffeind,
a'r goedlan
a'i pharth o borffor,
a dawnsiodd yn ei ffroenau
bersawr y bwndel
a blyciodd y ddwy.
Ffeindiodd gyrliau aur
yn tywallt yn sgwd
dros ysgwyddau llydan,
a llais bywiog
fel yr awel
a gribodd wallt newydd y coed,
ond ni ddaeth wyneb
nac enw,
a bu rhaid twtio'n sydyn,
gan addo chwilio eto
rhyw ddydd.

R

Gwagle

Ystrydeb o wyneb wyt,
un stryd o stori ydwyt
yn nwyster y posteri
sy'n dweud dy hanesyn di.

O'r lôn sy'n bader o lwyd,
o'r waliau sy'n cau'r aelwyd,
yn ddau, awn â'r weddi hon,
yn weddi i'r newyddion,

a datgan a wnawn ganwaith
ar dir moel ein pryder maith
y daw'n wawr pan ddoi di'n ôl
i wenu yn ein canol.

A

Swildod

Dim ond un lodes fach
oedd ar y lawnt,
wedi mentro neidio o'i sach gysgu
cyn ei ffrindiau.

Roedd yn wylaidd,
fel plentyn bach
ar lwyfan eisteddfod am y tro cyntaf,
ddim yn or-siŵr o'i eiriau.

Safai ar ei un-goes fain,
yn plygu pen
fel petai'n sori.
Yn edifaru
am ei bod wedi dod
i ganu unawd.

Deigryn y bore
yn treiglo lawr
ei grudd welw.

Ni ŵyr hi,
lili fach,
y bydd, cyn hir,
yn aelod o gôr.

R

Melin wynt

Ond rhith o wenith sydd ynof heddiw,
        a'm dyddiau yn angof,
    tan ddaw hynt corwynt y cof
    i droi pob atgo' drwof.

A

Y Brenin

Y llygaid o liw awyr canol haf
Yn gloywi'n berlau nwyfus yn ei wên,
Petalau rhosod o wefusau braf,
A'r cudyn du uwchben y talcen clên.
Y llais yn sidan pur i swyno'r clyw
Wrth iddo roi ei galon yn ei gân,
A'r cluniau glew, wrth ddod a'r nodau'n fyw
Yn cynnau byd y merched oll ar dân;
Ond wedi llosgi'n hir ar aelwyd bri,
Yn wenfflam hy, yn byw ar danwydd nwyd,
Aeth cân a fu yn goelcerth uchel ffri
Yn sydyn dawel, yn y lludw llwyd;
A heddiw'n atgof unig am ei hynt
Un fflam sy'n goffa am y gwres fu gynt.

R

Blaenau Gwent

Adeg Eisteddfod Genedlaethol 2010

Cymreictod yn ei flodau
yno oedd, a phawb yn hau
geiriau ddoe mewn gardd o wên,
hi eiriadur o Eden;
ym mhridd ei thynged, wedyn,
gwywo dwys fu gyda hyn.

Ond er hyn, mewn llecyn llwyd
eleni, fe ail-blannwyd
hadau'r oes o stori'r iaith,
i weled yno'r eilwaith
erwau hardd o lafar bro'n
ogoniant eu hegino.

A

Rhyddhau

Wnes ti erioed
ddal iâr fach yr haf
yn dy ddwylo?

Wedi gweld
ei phrydferthwch
yn hofran
uwchben y blodau,
a breuder ei hadenydd
yn dy hudo
i eisiau ei dal
a'i chadw yno
am byth.

Welais ti hi
a'i sidan yn symud
ar awel gynnes
tymor y lliw,
tymor y byw,
yn disgyn yma ac acw,
a thithau'n ei dilyn
ar flaen dy draed
rhag ei dychryn?

Yna am ennyd
ei goddiwes yn dy gledrau,
a theimlo
ei diniweidrwydd
yn goglais dy deimladau,
a chymryd cipdrem ohoni
rhwng dy fysedd
yn ceisio dianc.

Ei dal yno
yn dy law.

Yna ei gwylio
yn codi,
a hedfan
dros orwelion pell,
uwch dy gyrraedd di.

R

Gwawr

Oer yn awr yw tyrau'r nos,
yn dyrau'n stryd o aros
i'w seiliau, am wres heulwen
drwy'r sêr, am bocer uwchben
yr hewl a'i rhychau. Ar loriau uchaf,
draw yn y ceintach o drenau cyntaf
daw i'r tarth yng nghrwydro Taf belydrau
i lenwi erwau'n oleuni araf.

O farwydos y noson,
o dan ei llwch, cwyd yn llon
don iau sy'n ffagliad newydd
mil o leisiau dechrau'r dydd.
Ar ierdydd llafur, mewn siop bapurau,
lien acenion sydd eto yn cynnau
dros y ceir, ger drysau cau'n frwdfrydig,
a bwrw orig sy'n bair o eiriau.

Efo'r awyr foreol,
tanau iaith sy'n tanio'n ôl.
Berwi meini oriau mân
yn ddyddiol wna'r ymddiddan
o fin y cyrion, gan fynnu cario
ym mêr pob cwter i'r parciau eto.
Bore yw lond llafar bro. Coelcerth fras
o sŵn dinas, o swyn ei dihuno.

A

Cylch

Ergydiaist i'm byd
yn linell las,
yn mynnu dy le
ar gwarel fy more.

Daeth cynnwrf,
daeth gwên,
daeth deigryn
i leithio eiliad y gadarnhad
dy fod ti yno.

Yna,
troeaist fy mod
yn rhywun arall,
dyddiau yn llawn o dy sefydliad,
dy gartrefi
yn grwn
yn fy ngofal i.

Ac wrth i ti dyfu
twymodd cariad
yn flanced i dy lapio,
a minnau'n gwau sanau bach o deimladau
o'th amgylch.

Ac wedyn ... dyna ti,
yn fwndel bach i newid byd,
yn seithpwys o sirioldeb,
yn gyfan
o'm cwmpas i.

R

Newyddion

Gwyro i'r dreif. Ger y drws,
ei gamau ddwed yn gwmws
beth yw'r newydd sy'n cuddio'n
enw noeth ei lyfryn o.

Ar riniog y rhieni,
agor hollt wna llafn y gri
a'i chlywed a wna, wedyn,
ddegau o weithiau 'rôl hyn.

Gyda'i olau'n gleisiau glas,
cyrhaedda car yr heddwas.

A

Darluniau

Gwanwyn

Bu rhywun
a brws yn tasgu gwyrdd
ar gynfas newydd,
ac ysgytio blagur
ar frigau crafog y coed,
a chreu tynerwch
yng ngwead
y clystyrau eirlys
ym môn y clawdd.

Yma ac acw
fflamau o fywyd newydd
yn llosgi yn felyn a phorffor
ym mhaent y saffrwm,
a gloywder
cyrn y cennin pedr
yn chwythu lliw
i'r oriel lwyd.

Haf

Braf yw eistedd
yn y sinema
i wylio
ymffrost y ffilm.

Hwythau'r pansis
yn adrodd yr hanes
mewn llinellau
ar erchwyn y llwybr,
uwch llwyfan
o liw alyswm.

Y melyn mair
yn creu'r effeithiau arbennig
yn eu coronau,
tra bo'r blodau gwyllt
yn mynnu lle ychwanegol
yn y sioe,
a phawb
yn perfformio'n berffaith,
wrth geisio oscar.

Hydref

Fel y llun
yn hen lyfr Mamgu,
wedi crino
yn adwaith amser.

Y brown
yn tywallt ei flinder
ar draws y dudalen,
a glendid y gwyn
a fu,
yn melynu
er ei waethaf.

Y papur yn frau,
fel y dail cras
o dan draed,
am ambell staen oren
lle bu bysedd ieuanc
yn busnesu.

Gaeaf

Mewn du a gwyn
mae'r ffotograff,
yn oer
heb olion arlliw,
yn dawel
dan sglein arien
i greu naws.

Golygfa welw
yn gwsg o dan gaead,
yn llonydd
wrth aros am liw.

R

Parc Ninian

I Dad, ar ein tymor olaf yn yr hen gadarnle,
2008-09

Y mae ias y terasau
yn dal i'n tywys ni'n dau
i dir glew yr adar glas;
dau enaid brwd mewn dinas,
heibio'r awn ar balmant bro
i drydar y pêl-droedio.

Ac er mai gorffen leni
wna'r hedfan i'n hafan ni,
yn ddi-os, ar ddiwedd ha',
yn gynnwrf drwy Dreganna,
awn ein dau o'r bron un dydd
â'n hawen i nyth newydd.

A

Cysgodion

A welais ti hwy
ar dy sgrîn neithiwr
yn glystyrau 'sgerbydlyd
yn sefyllian
rownd y coed,
eu llygaid ofnog
yn beli llonydd
yn eu creuau crimp,
a'u gwefusau
mor hysb
ar ddaear ddi-fywyd
o dan
eu sodlau caled?
A welais ti hwy
y cysgodion bach cestog
a'u hysgwyddau
hongiwr wirsen,
a'u coesau dryw,
yn eistedd
ym mhoethder yr haul,
a'r clêr
yn cyhwfan
uwch eu pennau
pwysfawr?

A welais ti hwy
neithiwr?

R

Rhuthr

Wrth adael canol Llundain, yn llawn siopwyr y Nadolig,
ar ôl ymweld ag Eglwys Santes Margaret

Fel brain (a Llundain a'i llwch heno'n wyllt,
    yn un nos o flerwch),
    heidia'r rhain i'r lôn yn drwch
    direswm. Lôn mewn dryswch.

Ond er hyn, mewn lle sy'n drwm o weddi,
    mae hedd rhag y bwrlwm
    rydd i'r gwyll, fel llety llwm,
    heno breseb. A rheswm.

A

Rhwyg

Adeg gadael y cyw melyn ola' i'r coleg yn Llundain

Roedd fy nyddiau yn gyfan,
fel awyr diwedd Mehefin
pan nad oes un cwmwl
yn tyllu'r glas.

Gwres ei gwmni
oedd yn haul
yn aur i iro'r oriau,
a'i lais
yn parablu pob peth
oedd yn donnau mân
ar draeth heb iddo ddiwedd.

Rhaid oedd gadael fynd
a theimlo awel anochel Hydref
yn chwythu ymraniad i'r câr.

A'r milltiroedd,
fel mynyddoedd,
a fyddai rhyngddom nawr
yn dryllio'r emosiynau.

Mi wyddwn
y byddai adref
i hwylio gwyliau,
a rhannu penwythnosau
yn llawn cofleidiau.

Ond, wrth godi llaw,
a sychu dagrau
drwy'r wên o anogaeth,
daeth y blwc honno
i dorri cau
i'm byd
oedd gynt yn gwbwl.

R

Gweddw

Aiff draw, a chynnig yn llawen y got
    wisgai ef mor gymen,
  ond o'i rhoi, eryda'r wên
  yn loes y siop elusen.

A

Cymwynas

Mae yn ei deimlo bob dydd,
bywiogrwydd y bywyd bach newydd
yn mynnu ei le
yn ei dyddiau disgwyl.

Siardodd ag ef
ers y dechrau,
peintiodd lun ohono
ar gynfas ei dychymyg
lawer gwaith,
teimlodd ei bresenoldeb
yn llanw ei holl fod
bob awr.

Gŵyr am y boen
fydd yn rhwygo
adeg ei ddod i'r byd,
ond
ni ŵyr eto
am y dolur a ddaw
wrth ei estyn
i freichiau diolchgar
ei fam.

R

I gyfarch Jim

Ar achlysur lansio'r hunangofiant yn y Mochyn Du,
Tachwedd 14eg, 2014

Rhyw nos Wener yn swnian hen dwrw
  yw'r stori tu allan,
 bariau'n gyfrolau i'n rhan,
 dinas â'i dweud ei hunan.

Ond o'r pafin af innau yn dawel,
  a dianc rhwng cloriau
 hanes un, a rhyw nesáu
 wna'r gŵr sy'n rhannu'r geiriau.

Gŵr awen mewn acenion, gŵr â'i ddawn
  yn gerdd oes o goron,
 gŵr yr iaith, gŵr y bêl gron,
 gŵr emynau; gŵr Manon!

A chamu'n hwyrach ymaith heno wnaf
  lond Parc Nest a'i chrefftwaith,
 yr un all droi ar unwaith
 ruo'r dorf, ar stryd y daith

i anterth y palmentydd, yn wenallt
  englynion o'r newydd,
 o gael pader Arch-dderwydd
 rhwng sgrifen dalen Caerdydd.

A

Trychineb Grenfell

Wedi i'r gwres gilio,
a'r dŵr wedi tywallt ei ddiffodd
dros drychineb y fflamau,
wedi i'r tafodau tân
lyfu eu llynciadau olaf,
daeth y llun.

Y sgerbwd du,
heb esgyrn.
Heb y ffram oedd yn cynnal bywyd,
hen ysbryd oer
yn ei ŵn o anobaith.

Gwelsom ef,
ar ein sgrin,
yn denu'r synhwyrau
i deimlo ...
i gydymdeimlo ...
i ddweud sori.

Ond
yn ein dychymyg
wrth geisio deall,
ni ddeallwn fyth
yr hunllef hon,
ni flaswn fyth
y chwerw
ar flasbwyntiau
y rhai a gollwyd.

R

Trychineb Grenfell

Mae ôl y fflamau'n ddolur
a bu'r mwg yn briwio mur
y twˆr llwyd; mae fflatiau'r llwch
yn wylo eu tawelwch.

Ond yn neigryn derfyn dydd
drwy'r neon, dod o'r newydd
wna swˆn sy'n drech na sgrechian
diobaith, maith, yn y man.

Yn eco'r hwyr mae pob cri
yn esgyn. Dal i losgi'n
yr adwy wna marwydos
llefau eneidiau un nos.

A

Yr Hydref

Mae'n eistedd yn ei chadair ger y tân,
Yn hepian drwy hen hanes yn y gwres,
Gan gofio'r gwanwyn, hithau'n eneth lân
Yn casglu clychau glas mewn ffedog les.
Ail fyw yr haf a'i heulwen hir mae hi,
Yng nghegin fach yr Hendre wrth ei gwaith,
A lleisiau llu o blant yn llanw'r tŷ
Â miwsig chwyrn a chroyw llon eu hiaith;
Er crino'r croen a'r cymal erbyn hyn,
Er brathiad gwynt a fu yn awel fwyn,
A chopa ddeiliog gynt fu'n ddu yn wyn,
Teg mynd yn ôl i fyd tymhorau swyn;
Braf cynaeafu had y dyddiau dof
A storio'r ffrwyth yn ysguboriau'r cof.

R

Gŵyl

Heddiw'r Aes sy'n wledd ar iâ.
At ei hoerfel, daw tyrfa
at yr anwes cynhesach
dan brennau'r cabanau bach.
Lleisio'r Adfent wna gloddest palmentydd
â thafodiaith drwy doreth o fwydydd;
gwydrau rhwng y siopau sydd â'u curiad
yn niferiad hen win o leferydd.

Ond o'r Aes, ni rydd y stryd
yr hufen i ŵr hefyd
dreulia'i aeaf ddidafell
heibio'r lôn, heb arlwy well,
gan udo'i yngan yn ganiad ingol
am ei wala ar bafin ymylol,
ond aiff dagrau'r nodau nôl i'r craciau
mor wag â'i eiriau ym mriw ei garol.

A

Cau

Gwelais hi ar y glaswellt
pan oedd y min nos
yn glafoeri ei gysgodion
i'r cornelau,
ei gwyneb melyn
yn gwenu arnaf
o ganol ei bonet ffril.

Cyn hir,
daeth blinder drosti,
ac aeth ati
i newid ei phenwisg,
gan blygu pob dernyn
yn ofalus,
rhag eu sbwylo cyn yfory,
a'u cyrlio yn gwpan bach
i ddal naws y nos.

Cysgodd wedyn,
ei gruddiau'n glyd o'r golwg,
a'r fonet
yn goron gampus
ar ei phen.

R

Ar yr 18:45 o Paddington
Tachwedd 2016

Lein ddiderfyn. Englyn wnaf ar y trên,
    a'r tir oer amdanaf.
    Rhyw ddyheu am gerddi haf
    ag awen dyfod gaeaf.

A

Llwybrau
I'r diweddar Dic Jones

Wrth droedio tir yr Hendre bob rhyw ddydd,
A cherdded hyd a lled y meysydd gwyrdd,
Canfyddodd lôn i'r awen ddod yn rhydd
A gadael iddi redeg hyd y ffyrdd.
A llamodd geiriau'n fodlon iawn i'w lle,
Y 'lusg' a'r 'draws' ddilynnodd yn ddioed,
Yn anterth natur odlau welodd e,
A chanodd gân i guriad sŵn ei droed.
Mi blannodd rhyw brydferthwch ar ei hynt,
Blagurodd cerddi cywrain ar ei daith,
A hedodd dawn ei greu ar grib y gwynt,
Hyd amser cynaeafu had ei waith.
Ac er nad ydyw'n awr yn troedio'r tir,
Mae ôl ei draed yn oedi yno'n hir.

R

Banciwr

A wyddem fod ei ddyddiau yn y gwaith
   yn gwrs golff â'i ffrindiau?
  Be yw'r ots am gelwydd brau
  i greu twyll ger y tyllau?

A

Y Bae
Cei Newydd

Drych

Pan fo'r dydd yn dawel
a'r môr yn ddi-syfl
o dan heulwen,
pefrio y mae
a'i wychder glas
yn adlewyrchu
llun o haf.

Cwmni o gychod
wedi bwrw angor
yn ei sglein,
yn towcio
ar chwarae'r tonnau,
ac ambell wylan
yn cyhwfan
ar anadliad sidan
yr awel.

Rhesi o dai
yn taflu lliw o'i llonyddwch,
yn binc
a gwyn
a melyn,
i lonni'r arlun.

Ac yntau'r haul
a'i rwysg yn rhwydd
dros heddwch hir
y ddelwedd.

Dolffins

Craffa!
Hoelia dy lygaid
ar y dŵr,
tu hwnt i ddannedd
y creigiau,
a dichon i ti
eu gweld.

Yn sydyn,
yn arch o arian
yn codi
fel edau chwim
drwy'r eigion,
yn pwytho eu ffordd
allan i'r pellter.

Rhaid bod yn glau
i ddilyn ei glewder,
a dotio
ar eu chwarae hud
ar drothwy'r tonnau
cyn iddynt
ddiflannu.

Machlud

Neithiwr
bu'r haul yn hir
yn mynd i gysgu,
gan fwrw
ei aur olaf
yn araf
araf i'r môr,
a hwnnw'n troi yn arian
yn hud y gwyll.

Chwinciau goleadau Aberaeron
yn llu o bryfed tân
islaw sidan
yr wybren binc,
ac ymledau'r mynyddoedd
eu cewri cysgodion
ar y gorwel.

O'r diwedd
daeth y nos,
yn ddisymwth,
i dwcio'r dydd i'w wely.

R

Y Bae
Caerdydd

Yno'r af i rannu'r ha', draw i Fae
　　o dorfeydd, a gwledda.
　　Tir nwyfus Terra Nova.

Ond pryddestau badau bach yn erbyn
　　eu harbwr tawelach
　　sy'n ffrwd o sibrwd sobrach.

Wrth aros, ffoi o'r noson. Rhyw hwylio
　　drwy olau'r gorwelion,
　　fe allaf weld Afallon.

A

Gorwel

Hepian oedd yr haul rhuddem
mewn gwely crog o gwmwl,
gan chwysu dafnau o'i goch
yn dawel i'r dŵr.

A'r môr
a'i weflau arian,
yn rhoi cusan nos da
i wybren y dydd.

R

Llwfrgi

Ffrwydriad agos. Â'r ffosydd
yn fileinig aflonydd,
un o'i go' yn swatio sydd

â'i ddyddiau'n dawch o ddioddef.
Daw grenâd i'w grynu ef.
Ceg waedlyd, clec ac adlef.

Y mae'n troi, ar rimyn tranc
erwau'r llaid, yn hanner llanc
yn y düwch yn dianc.

Cydio, cyn clymu cadach
yr oriau cynnar, oerach.
Eiliad ola', dawelach.

A

Cristnogion Syria

Mae'r gân, mae aria'r gynnau'n ddiddiwedd.
    Gweddïwn drwy'n hofnau
    y try cord ein pentre cau
    am ennyd yn emynau.

A

Heddwch

Haul y prynhawn ar ei orsedd
Yn taflu pelydrau o'i aur
I chwincio rhwng breichiau'r coed derw,
A goglais gwallt melyn y gwair.

Dim sôn am fwystfilod y briffordd
Yn rheibio'u pesychu a'u stŵr,
Ond opera oesol yr adar
I felfed gyfeiliant y dŵr.

Y gwenyn yn hwmian yr alaw
Gan wybod y nodau bob un,
Uwchben cynulleidfa o flodau
Mewn hetiau o bob lliw a llun.

Ac eistedd wnaf innau a'm gwialen
Ar erchwyn y mân donnau bas,
I ganfod pwy ydyw'r un clyfra,
Y finnau, neu'r brithyll bach glas.

R

Stryd

Daw car, a noson arall
i stryd ei bywyd di-ball;
golau coch, a gwely cudd
heb enwau ar obennydd,
a rhoi ei hun wna, o raid,
yn oriau i'w chwsmeriaid.

Mae syrffed bore wedyn
yn ei dal, ond wedi hyn
daw y nos, a mynd yn ôl
a wna hi at fin heol,
a char, a noson arall
ar stryd ei bywyd di-ball.

A

Aber

Yn dawel, isod yn y dyffryn
Buost gynt yn canu cân,
Clywais sisial swil dy unawd
Yn seinio rhwng y cerrig mân.

Yn awr cei'r llwyfan rwyt'n ei haeddu,
Cei ymuno yn y côr,
Cwyd dy lais a chân dy orau
Yn oratorio tonnau'r môr.

R

Pêl

Teyrngedau i grwt ar Ninian Park Road
yn frith â pharaffernalia Cardiff City,
a llun ohono yn eu canol

Mae pafin diffaith Ninian
yn rhy fud. Ni choda'r fan
wenau ddoe, am na ddaw o
drwy'r rhedyn i bêl-droedio.

Ni ddaw. Ond i'r gyffordd hon,
i'r hewl, chwyth co'r awelon
fel pelen, wên gyda hyn
i'r adwy rhwng y rhedyn.

A

Y clwb nos

Mae hi yno
yn y ciw,
a'i lipstig yn lyfli,
lliw machlud haul
ar weflau nos Wener.

Aros mae
am y drws agored,
y glwyd
i'r gadael fynd.

Yna,
mewn i'r miwsig,
i'r sŵn
sy'n tawelu gofidiau,
i hedfan
ar adenydd rhydd
mewn nenfwd o neon.

Dihangfa
yw'r dawnsio
o afael y byd.

Diddos yw dod yma ...
llecyn i guddio
yn gyson.

Hafan heb adfyd
mewn hwyr.

R

Ar ymddeoliad

Andrew Bartholomew, cydweithiwr,
dawnsiwr gwerin, cantor a garddwr!

Â deiliach crin y ddinas
yn y gwlith wrth Barc Tŷ Glas,
cerdda ef yr hydref hwn
heibio iddynt, a byddwn
heb Andrew yma'n bendrist,
twr yw hwn â gweithwyr trist;
Bartholomew o ddiwedd!
Dyna siom nad yw'n ei sedd!

Ond hydref ydyw hefyd
sydd iddo'n gyffro i gyd,
côr o wynt a pharti crin
heddiw'n siario'r ddawns werin
yng ngardd y tymor harddaf,
yn llond eu hoen yn Llandaf.
Cynnwrf rhythmau'r oriau rhydd
ddaw'n awel hamdden newydd.

Ac er bod adwy, mwyach
wrth eisteddle bore bach,
awn o hyd drwy'n rhandir ni
i dwrio drwy'r ffolderi.
Drwyddynt, rhydd Andrew'i waddol
a'i eiriau i ninnau'n ôl
yn bridd o fwynau'n barhad,
yn ddeiliach ymddeoliad.

A

Colli

A fu erioed gennyt rosyn?
Rhyw flodyn
a gefaist gan gariad,
a hwnnw wedi
mynnu bwrw ei wraidd
yn ddwfn
i bridd dy galon.

Ymhyfrydaist
yn ei ffresni
a'i dlysni,
a dotiaist
ar ei dynerwch,
nes iddo
dyfu'n annwyl iawn
yn dy fyd.

Gwybod ydwyt debyg,
y galar
o'i wylio'n gwywo,
y gofid
o weld ei betalau
yn sychu
o flaen dy lygaid,
a thithau'n ysu
am ei gadw
fyth.

R

Sêr

Un nos glir fe ddisgleiriant,
tanio'n wych; tywynnu wnânt
un ennyd – a diflannant.

A

Diwedd haf
Wrth i Wil bacio i fynd nôl i'r coleg
ar gyfer ei ail flwyddyn

Bocs ar ôl bocs
yn llawn trugareddau,
yn llawn o gynnwrf mynd,
wrth ddisgyn i'r bŵt.

Llwybyr newydd
i'w droedio
ymhob plyg
o'r pacio.

Dillad a fu
yng nghlydwch cwpwrdd cartre',
yn awr ar eu ffordd
mewn cês,
yn barod
i gynhesu dyddiau'r dyfodol.

Hen bethau bach
yn diflannu o silffoedd,
gan adael olion
yn y dwst.

Y miwsig o'r llofft,
a fu'n rhy uchel,
fydd nawr yn fud,
unplugged
ar ei ffordd i ffwrdd.

R

Cynefin y gegin gawl

Bore yw. Mae'r awch am bryd eto'n chwyrn.
    Ei esgyrn sy'n ysgwyd.
    O'i hen hunllef newynllyd,
    mae'n llithro'n ei dro o'r stryd

o'r pafin at y biniau, at y wal
    y tu ôl i'r siopau'n
    waglaw, lle try'n ciniawau'n
    swp ofer mewn cwter cau,

a defod ddiedifar o heriol
    yw twrio mor eiddgar
    am waddolion sborion sbâr
    rhyw fwyd na phrofai adar.

Daw, weithiau, ddewis doethach i'w arwain
    at rywrai tynerach
    droes dosturi'n festri fach,
    am ei ginio amgenach,

a'i loes, wrth fwrdd elusen, dawela
    hyd waelod y fowlen,
    troi'n atgof wnaiff pob crofen
    treuliedig; caiff godi gwên,

ond fe ŵyr yn y diferyn olaf
    o gawl, nad oes terfyn
    i grawen lôn o wenwyn
    â'i chŵd yn gymysg â'r chwyn.

A

I dîm Talwrn y Ffoaduriaid

I ddiolch am gludo aelod o dîm Aberhafren
nôl i Gaerdydd!

Gŵr diolchgar yw Aron, gŵr a ŵyr
    bo chi'n griw twymgalon,
   â hi'r lifft i lawr y lôn
   mor wresog 'rôl ymryson!

A

Medi

Wel dyma tithau eto ...
Yn sleifio mewn i'r fro,
Hen Fedi ddauwynebog
A'th driciau, yn dy dro;
Heddiw gwenu heulwen
Yn ddiddig aur drwy'r cwm,
Yfory yn dy dymer
Yn wylo dagrau trwm.
Trannoeth goglais brigau
Y coed a'th awel hael,
A'r nesaf gwylltio'n gacwn
A chipio rhai o'u dail.
Ond peidio wnawn dy wawdio,
Dy swydd sydd yn un glaf,
Croesawu'r wyt yr hydref
A rhoi ffarwel i'r haf.

R

Nadolig ym Mharis

Wedi ymosodiad Tachwedd 13eg, 2015

Drwy adfail y daw'r Adfent.
Nid oes mwy na thrallod sment
mewn Eiffel o dawelwch,
gwyll yw hwn o fwg a llwch;
holltau fel briwiau o'r bron
yn gwaedu i'r cysgodion.

Ond â seren lond geni'n
hudo'r Ŵyl, a'i stori hi'n
cau cwter am bob Herod
creulon, bydd doethion yn dod
â gair o hedd, rydd i'r graith
ddirybudd, wawr o obaith.

A

Bore Sul

Dyna i ti deimlad!
Troedio llwybr yr ardd
yng nghôl Gorffennaf,
cyn i neb arall godi.

Dim ond fi
a chriw o adar
yn paratoi at eu dydd,
pan fod y coed
yn dal diferion cyntaf yr haul,
cyn eu gollwng
yn byllau bach o aur
i gynhesu'r tir,
a thaenelliad o lygaid y dydd yn gwenu arnaf
drwy'r glaswellt gwlithiog
yr ochr draw
i'r *tŷ glass*.

Melodi'r afon
yn iro'r clyw
wrth greu tiwn
ar y cerrig.

Dyna i ti funud berffaith!
Heb ddoe,
heb yfory,
lle nad oes dim
ond llonyddwch.

R

I gyfarch Gruff

Ar lansiad 'Hel Llus yn y Glaw'

Ag awen lond y gawod,
odlau fel dafnau fu'n dod
mi wn, a rhoi am ennyd
dywydd oedd gywydd i gyd.

Gyrrai geirau o gerrynt
y gân gaeth, ac yn y gwynt
diwylliant fu'n pistyllio
dŵr ei iaith, tan yn ei dro

awyr las y gyfrol hon
a wawriodd o'r diferion,
a daeth llên ei heulwen hi
i wanwyn y dalenni.

A

Dyfnder

Ar ôl sgwrs ffôn gyda Lowri, fy merch,
wedi iddi blymio i weld llongddrylliad y fferi
Zenobia *a suddodd ar ei mordaith gyntaf ar*
arfordir Larnaka, ynys Cyprus yn 1980.
Roedd y llong yn cario cant a phedair
o lorïau cymalog.

Yn dawel,
mae nhw yno,
cewri
yn llonydd
yn y lli,
yn dywyll
yn y gwaelodion.

Eu hurddas,
ddaeth i orwedd
yn ddisymwth,
a'u mawredd
drodd yn fychan
yn eangder
y gwlybanwch.

Yno y maent,
yn ddifywyd heb ddiben,
a'u holwynion
a'u grym diwerth
yn drist o ddi-droi.

Hyd y daw hwythau,
a'u tanciau trwm
i'w hatgyfodi
a'u rhyfeddod,
i'w hennyn eto
am orig fach o hanfod.

R

Cwpledi ar hap

A wyddom am rai eiddil
y tu hwnt i gloch y til?

Ar ras i'r swyddfa'r es-i.
O'r glaw oer, ei heglu hi.

Â hi'n awr fy nghinio i,
bu'n Wener o banini.

Yn y bôn, a yw ji-binc
(yr hollbeth) yn wir hollbinc?

Mewn tyrau, mewn blociau blin,
cawn hefyd fod cynefin.

A

Labordy

Dyma ti
o'r diwedd!
Y bitw
o'r ddish betri.

Wedi'r broses ddi-ben-draw
o'th ddechrau,
hedyn bach
heb bridd,
yn hedfan ar glyfrwch dyn,
yn dibynnu
ar declyn i'th blannu.

Tywysydd o lun
ar sgrîn
i'th ddodi
yn ddiogel
yn y lle iawn,
er mwyn i ti
gael cyfle.

Blaguraist
yn hardd,
mewn gardd o reolaeth,
ti,
fu gynt tu hwnt i obaith,
yn olygfa fwyn
dan feicrosgop.

O oerni'r amgylchfyd di-haint
des ti
i danio,
yn gynnes,
yn glyd,
tu mewn i mi.

A dyma ti
wedi dod
i lanw fy myd
â'th ryfeddod.

R

I Wiliam

fy mrawd bach, ar ei ddeunawfed pen-blwydd
wythnosau cyn dechrau astudio Cyfansoddi
Cerddorol ym mhrifysgol Brunel

Do, Wiliam, aeth dy alaw'n alaw hŷn
     eleni, nid distaw,
      a chwrs gradd o aria ddaw
      drwy'r diwn ar nodau'r deunaw.

A

Rhwng y Fflint a Llandudno

Tra bo tir arfordirol yn aros
     wrth orwel ogleddol,
      daw awen gŵr deheuol
      i'w drên ef yn ddi-droi'n ôl.

A

Nythod

Ar frigau bron blaguro'r coed,
mae mannau du,
yn gnapiau cnotiog,
fel plwcs
mewn gwallt hir,
wedi eu gwau yn gywrain
gan oriau o gario
mewn pig,
a threfnu,
a thwtio.

Ac yno y maent
yn siglo
yng nghrud y gwynt
heb symud.

Gyda'r nos
ymrithio wnant
o'r cangau,
yn fwganod tywyll,
i godi echryd
ar bawb,
ond y preswylwyr plu,
sy'n clwydo
yn eu clydwch.

R

'Englyn bach'

Darllenwyd yn Bragdy'r Beirdd Tafwyl, Mehefin 30ain, 2017. Yn Y Bragdy blaenorol, cyflwynais fy eitem drwy ddweud bod gennyf 'englyn bach – neu, englyn'!

Heno, bawb, mae englyn bach yma'n siŵr.
      Namyn sill. Mae'n fyrrach.
Rhyw gerdd fach swil sy'n gynnil, amgenach
ar dudalen, yn stori dawelach,
un i'w gosod i mewn yn go hawsach
yn y boced, mae'n englyn tebycach
i gwpled caeth, mae dipyn yn ffraethach,
ac o'i weled, y mae'n finisciwliach.
Meicro-englyn rhy'r geiryn rhagorach,
hwn y dweud syth, heb damaid o sothach,
un a lama lathenni'n gyflymach
na llithriad malwen ar ben y biniach
o wastraff gardd; mae'n englyn reit harddach.
Wedi dibennu'n syndod buanach,
haws i'w reito, a chodir pris rhatach
am ei argraffu – mae hyn mor graffach!
Heno, awen a drodd yn deneuach,
ond a yw hi yn awen ddistewach?
Wel, na, go brin, nid ydyw'n gyfrinach,
hon yw'r awen â'i hacen ffyrnicach
i'ch ysgwyd; un funud fach – mae'n rhy faith!
Wele un araith sy'n englyn hirach!

A

Syfi

Yn dilyn her i lunio englyn yn cynnwys
y gair hwnnw!

Os wyli heb wres heulwen o awyr
    y gaeaf, myn fowlen;
   daw'r haf pan ffrydia'r hufen
   dros syfi, i godi gwên!

A

Lloches

Am beth
wyt ti'n ei freuddwydio heno
yn dy wely matras concrid?
A oes to teils
uwch dy ben
yn lle pilen laith
rhyw focs a fu gynt
yn noddfa i duniau pys?

A oes ffenestri yno?
I rwystro rhwyg y gwynt
rhag mynnu cnoi
i fêr dy esgyrn.

A oes muriau
yn lle'r parwydydd papur
rhyngot ti
a natur
y nos?

Cwsg,
cwsg yn y diddanwch
cyn daw nodwydd y wawr
i'th bigo
oddi yno.

R

Mewn anobaith

Yn ŵr o wae'n dirywio,
a wyddai na allai o'n
fwyfwy fel meudwy'n y man,
bara i fyw heb arian?

Â'i wyll o'n un llety llwm
lle llyncai ei holl incwm,
a welai'n ddiddimai, ddydd
heb ei wala? Heb welydd?

A deimlai gysgod amlach
hafnau'r stryd am funud fach,
a'i eriach mewn un sachaid
bob rhyw awr, ar lawr o laid?

Mewn dyled ddofn, a ofnai
â'i holl werth yn tyfu'n llai,
y doi wawr heb iddo dŷ?
Efallai.

Ond bu felly.

A

Dawns

Cofiaf dy weld am y tro cyntaf,
ti a dy wên
a gynnodd dân o diwn ar fy erwydd,
yn nwyf o nodau
yn mynnu
dod i'm byd.

Cydiodd dy gariad ynof,
a throelli fy nyddiau
yn samba wyllt,
a'm nosweithiau
yn wols
o freuddwydion.

Miwisg i mi
oedd pob dydd
yn dy gwmni,
dy gyffyrddiad yn alaw,
a'th gusan
yn felodi
ar fy ngwefusau.

A dawnsio wnes,
fel pelydrau'r haul
drwy frigau coed mis Mai,
yn aur o chwaraeus
gyda thi,
ein calonnau
yn un curiad
gyda'n gilydd.

R

Englyn wrth gerdded i'r swyddfa

Dod i'r stryd, i wawr o strach yn fy ôl.
    Fe welaf yn amlach
    mai stryd yfflon, llawn smonach
    sydd i dre y bore bach.

A

Teuluoedd Aberfan

Iddynt, nid oes llonyddwch ag olion
    eu galar a'u dryswch
    yn dymchwel pob tawelwch.
    Parhau wna'r lleisiau drwy'r llwch.

A

Camau cyntaf

Bysedd bach selsig
yn gafael
yn ochr y stôl,
a'r llygaid llariaidd
yn pefrio disgwyliad,
cyn mentro gadael rhydd.

Troi tuag ataf,
a'r wên ddeuddant
yn lledu
ar draws y gwefusau llaith
cyn camu.

Un goes sigledig
ar ôl y llall,
yn pannu
eu llwybr morwynol
ar hyd y carped.

Glaschwerthiniad
yn troi'n wich,
wrth blymio
yn bêl o fabandod
i'm breichiau,
a theimlo'u diogelwch
yn cau
yn dynn amdano.

R

Hen gapel

Drwy'r waliau brau, dim ond brân ddiflino
    yw'r eco sy'n crawcian
   yno mwy, a'r adar mân
   o'u hadfail wedi hedfan.

A

Llymder

Ni fynnai ef (o gofio'n ôl) un waith,
    ym moethau'r gorffennol,
    weld ei hun yn casglu dôl,
    er hynny, mor wahanol

yw'r budd-dal real i'w ran. Defodau
    ei fyd sy'n ganolfan
    a'n driw fyth, mae'n dod i'r fan
    yn gerrynt diffyg arian.

Suddodd i fyd heb swyddi'n ŵr di-waith
    mewn dŵr dwfn. Rhaid holi
    swyddog o'r bron, heb lonni;
    taleb o ateb rhydd hi.

Er rhoddi'i enaid i'r ddynes, gŵyr hi,
    heb weld sgrîn, ei hanes
    â'i hanner gwên, rhy gynnes.
    Sudda'n ôl, 'run swydd yn nes.

Cryma. Osia'n benisel o'i ddryswch
    drwy ddrws y siop gornel
    a'i weddi ef, doed a ddêl,
    i'w hateb ag un botel.

A

Llwynog

A welais ti erioed gadno
yn troedio
dyddiau cyntaf mis Mawrth
dros ddôl o eira?
Fel clwyf
ar groen annisgwyl.

Ei gorff yn hir,
yn denau,
yn wythïen o obaith
am fwyd
yn rhywle,
a'i drwyn
yn agos at y llawr,
megis nodwydd
yn gwnïo coch
i'r cynfas gwyn.

Chwim ei gerddediad,
rhag cael ei ddal
yng ngolau ddydd,
ei gysgod
yn cyd-droedio,
gan edwino
sglein anadl y rhew
ar y tir.

Oeraidd yw'r llun ohono
am ennyd,
cyn diflannu
yn dawel
i weddill y dydd.

R

Ysgol Farddol Caerfyrddin

*Ar achlysur dathlu'r chwarter canrif. Cyfarfu'r
dosbarth yn nhafarn y Queens yng nghanol y dre
pan oeddwn i'n mynd yno.*

Â'i hyngan digynghanedd,
tre fel ffair mewn gair a gwedd
gwyd ei llais, ac udo'i llên
ddaw'n ôl i berfedd niwlen,

ond caddug lond cywyddau
sy'n y Queens. Â heno'n cau,
i lôn hwyr englynion af
a'i dawn yn fydr amdanaf.

Mae 'na awen cwmnïaeth
i'w rhannu mewn canu caeth;
groes a sain o groeso yw,
y dweud â thoddaid ydyw,

ac i guriad odliadur,
caf o fewn pob clec o fur
fod i'r stryd, am funud fach,
un gân sydd tra amgenach.

A

Coed

pinc

Sôn am steil!

Hithau'r goeden afalau
yn ei phyrm.

Y blodau mân
yn grychau bywiog
yn chwarae
ar y brigau.

A'r fadam falch
yn mynd ar ei llw
y bydd ffrwyth
y fath ffasiwn
mor niferus
a'r crychau.

melyn

Dacw nhw y Tresi Aur,
y lodesi penfelyn
yn aros yn rhes,
genethod glandeg
mewn cystadleuaeth ceinder,
eu llywethau euraidd

yn gorlifo
oddeutu eu hysgwyddau.

Tybed ai'r haul
a ollyngodd ddafnau
o'i boethder
i ddisgyn
yn gadwynau llwythog
ar eu copa,
gan eu coroni yn goeth
a'i liw?

coch

Ar hances yr eira
mae smotyn o waed,
diferyn bach o fywyd
yn dal i fod.

Hi y goeden gelyn
yn ei hanterth,
a'r aeron
yn got o farnais
dros ei brigau brathog,
yn bwrw sglein,
a'i gwedd bochgoch
yn atgof
o'r rhudd fu gynt
ar ruddiau Mair.

R

I gyfarch Osian

Wrth adlewyrchu ar yr awdl. Darllenwyd mewn
'Bragdy i Brifardd', Hydref 5ed, 2017.

Aethom o Fôn, o dir ymrysonau
a bro'r awen, i fwrw'n boreau'n
ddinesig unig. Syllwn o'n trenau
i niwl annynol, a theimlwn ninnau
bebyll Awst yn ymbellhau. Ag un lef,
wyla Hydref ei ddail dros y cledrau.

Leni, Osian, doedd hyn ddim yn anos
tra bu Medi'n llawn egin cyfagos
dy odlau rhwng cledrau clòs. Yn o siŵr,
mae 'na arwr, a Môn yma'n aros.

A

Atgofion

Lowri yn ddeunaw!

Onid yw amser yn Eryr!
Yn cipio bywyd yn ei big,
a hedeg
dros fryniau bob dydd
heb lanio unwaith.

Yn dwyn
y dyddiau da
i wawr yfory
yn rhy fuan.

Onid ddoe
oedd ei cham cyntaf
a'i llais bach
yn llenwi'r lle?

Diwrnodau
o ddoliau a ffrils,
a phlethu gwallt,
a reidio beic.

Onid ddoe
oedd y penliniau
yn greithiau i gyd,
gan godymau
mis Mai
iard yr ysgol?
A'r gruddiau
yn groen afalau coch
gan eiddgarwch.

R

I Rhys a Siwan

Ar achlysur eu priodas ym mis Hydref 2017

Rhys a Siw, er bo'r lliwiau'n arafu'n
    hydrefol ar frigau,
  mae'n wanwyn, mi wn innau'n
  ddiddarfod rhwng dwylo dau.

A

Glowyr Pwll Gleision

Trychineb mis Medi 2011

Yn dawel heno
mae'r dŵr,
wedi ymadawiad y deifwyr,
fel y môr
yn gostwng ei donnau
ar ôl storm.

Drycin arall
fu'n rhwygo
y rhai fu'n aros,
gan ddryllio'r gobaith,
yn fellten
i bob eiliad,
yn daran
i bob awr,
bob awr o'r aros.

Hyd nes daeth y sôn
nad oedd neb eto
i ddod nôl.

A'r hen ddŵr oer
yn llonydd wedyn,
yn atsain yn ddi-nod
y lleisiau olaf.

R

Glowyr Pwll Gleision

Mae'r glaw sydd yng Nghwm Tawe heno'n drwm,
    heno'n drwch o ddagre
dirifedi'n llenwi'r lle.
Glaw heno'n galw'u henwe.

A

Aros

I'r mamau oll sydd â'u plant ar goll

Dychmyga lamp,
un lamp
yn y nos dywyllaf
a fu erioed,
a thithau
yn gorfod
ei chadw ynghynn.

Dim ond ti
a'r un lamp
ar gyrion
y gwyll.

Ac yno
roeddwn i,
fi,
a'r lamp,
a'm goglyd
yn y golau.

I oleuo'r llwybr
rhag ofn
iddi hi
ddod nôl.

Fy nghlustiau
yn hiraethu
am drwst ei throed
yn dod adref,
a'm llygaid
yn newynu
am gael gwledda
ar yr wyneb hwnnw
na welwn,
ond cysgodion ohono
wrth edrych
yn y drych.

R

Gogledd Iwerddon, 2017

Y DUP'n meddu ar gydbwysedd grym yn San Steffan,
a bygythiad 'ffin Brexit'

Dan gefnlen oren, fel hen ddihareb
y daw hanes i ail-godi'i wyneb.
Â llaw goch, flin, mae'n herio gwarineb,
herio, wrth droedio stadau'n ystrydeb,
yn troi'n ôl i bob tir neb a chyn hir,
yn creu rhandir i bob Jac yr Undeb.

A

Sgerbwd

Gwelais ef
yn yr afon!
Yn alar o hen feic,
ei olwynion yn blyg,
yn olion
o rhyw ddamwain ddisymwth.

Heb sedd,
heb statws,
yn rhegi rhwd
i ddiniweidrwydd y dŵr,
yn anesmwyth,
fel angladd
ar ddiwrnod braf,
a naws y dydd
yn gwisgo du
uwch ei fedd.

R

Albany Road

Lôn flinedig sy'n ochain drwy'r pigan
a gwynt Tachwedd rhwng traffig yn tuchan.

Eto, rhyngof a'r palmant daw'r yngan
dyfnach, hynach na'r concrid ei hunan
i gelu mwg a glaw mân.

Y mae'r stryd
ynof hefyd.

Fy ninas.

Fy hafan.

A

Balchder

Clywed y nodau
am y tro cyntaf,
yn goesau lili wen fach
o fregus,
yn araf lenwi'r clyw
a stacato eu hansicrwydd,
yng ngwanwyn ei dawn.

Gwylio'r bysedd ieuanc
yn llamsach
dros y llinynnau
drwyddi draw
wrth ymarfer.

Clywed y nodau
yn cryfhau,
yn dod yn goesau rhosynnau,
gan esgyn o'r ffidil
yn haf
o *Hungarian Dance*.

A minnau
yn dawnsio hefyd,
ym miwsig
eu medrusrwydd.

R

Gitâr y gwteri

Yn y glaw nos, fe glywn ni hen dannau
    ein dinas, heb sylwi
    bod gŵr oer yn bodio'i gri
    ar gitâr y gwteri.

A

Ruth

Cafodd Ruth ei magu yng Nghynwyl Elfed ac mae'n byw yno heddiw gyda'i gŵr, Steve. Dyma lle maged eu tri plentyn yn ogystal. Ers iddi orffen rhoi gwersi gitâr yn ddiweddar, mae'n cadw'n brysur drwy ysgrifennu penillion ar gais ar gyfer achlysuron arbennig. Yn 1992, cyhoeddodd ddau lyfr i blant – straeon Cledwyn y Cwch Bach Coch – ac mae hi'n un o gyfranogwyr y gyfres o lyfrau barddoniaeth i blant, Cerddi Lloerig. Cipiodd sawl Cadair mewn eisteddfodau lleol a hi oedd y ferch gyntaf i ennill cadair Gŵyl Fawr Aberteifi yn 1995. Enillodd Gadair Eisteddfod Dyffryn Conwy yn 1996, a'r wobr am y Delyneg yn Eisteddfod Genedlaethol Bro Dinefwr y flwyddyn honno hefyd. Er ei bod yn mwynhau ysgrifennu ar fydr ac odl, ac yn arbennig o hoff o delynegion, y mesur penrydd yw ei ffefryn.

Aron

Cafodd Aron ei eni yng Nghaerfyrddin a'i fagu yng Nghynwyl Elfed, aeth i ysgol gynradd y pentre ac Ysgol Bro Myrddin. Graddiodd o Brifysgol Aberystwyth yn y Gyfraith ond erbyn hyn mae'n gyfieithydd i Brifysgol Caerdydd a'n byw yn y ddinas honno. Enillodd sawl un o wobrau barddoniaeth yr Urdd, a Chadair yr Ifanc yn Eisteddfod Llambed deirgwaith, a chanwyd cerdd o'i eiddo yn y seremoni gynta i agor y Cynulliad, yn 1999. Mae'n aelod o dîm Aberhafren ar y Talwrn (cafodd Dlws Coffa Dic yr Hendre am gywydd gorau'r gyfres yn 2011) a thîm Morgannwg yn Ymryson yr Eisteddfod Genedlaethol. Mae hefyd yn un o Feirdd y Bragdy yn y nosweithiau barddoniaeth byw poblogaidd, Bragdy'r Beirdd, yng Nghaerdydd.